de mevrouw

enge man

Anne

puppy

enge hond

Henk van Kerkwijk

Spook te koop

met tekeningen van
Els van Egeraat

Op de cd staat een korte leesinstructie bij dit boek.
Daarna leest de auteur het eerste hoofdstuk voor.
Kijk op de cd welk nummer bij dit boek hoort.

Achter in het boek zijn leestips opgenomen voor ouders.

Boeken met dit vignet zijn op niveaubepaling geregistreerd
en gecontroleerd door KPC Groep te 's-Hertogenbosch.

1e druk 2006

ISBN 90.276.6305.x
NUR 286/283

© 2006 Tekst: Henk van Kerkwijk
Illustraties: Els van Egeraat
Leestips: Marion van der Meulen
Vormgeving: Natascha Frensch
Typografie Read Regular: copyright © Natascha Frensch 2001 – 2006
Uitgeverij Zwijsen B.V. Tilburg

Voor België:
Zwijsen-Infoboek, Meerhout
D/2006/1919/275

Inhoud

1. Een raar briefje

'Wraf! Wraf!'
Daar heb je weer een hond!
De hond blaft keihard naar Bas.
Bas loopt gewoon op straat.
Samen met zijn moeder gaat Bas naar de winkel.
Gewoon, heel gewoon.
Bas doet niks geks.
En zijn moeder al helemaal niet.
Moeder is te netjes om gek te doen.
En toch blaft de hond naar Bas.
En toch gromt de hond naar Bas.
En toch laat de hond zijn tanden zien.
Grote, gele tanden met scherpe punten.
Het spuug loopt eraf.

'Hij doet niks, hoor!'
Dat roept de baas van de hond.
Het is een zware baas, hij is rond en dik.
Toch pakt de baas een lantaarnpaal beet.
Zo hard rukt de hond aan zijn riem.
Aan zijn halsband zitten stekels van ijzer.
'Hij is altijd aardig,' zegt de man.
Hij hijgt, omdat de hond zo hard trekt.
De baas draagt een armband met stekels van ijzer.
'Ik geloof het niet,' zegt Bas zacht.

'Woef! WOEF!'
Nu springt de hond op Bas af.
De baas houdt hem niet langer.
Zijn hond is te sterk.
De baas valt languit op straat.
De hond schrikt en rent terug.
Hij likt het gezicht van zijn baas.
Dat doet de hond om het goed te maken.

'Uw hond is gevaarlijk,' zegt moeder.
De baas van de hond zegt niets terug.
Hij heeft een bloedneus.
Hij houdt een zakdoek voor zijn neus en mond.
Dat praat moeilijk.
Maar hij kijkt wel erg, heel erg boos.

Moeder trekt Bas de supermarkt in.
Daar lijkt het veilig.
Maar bij de appels gebeurt het weer.
'Waf! Waf! Waf!'
Kleine kefjes van een heel klein hondje.
En bij het gehakt gromt weer een hond.

Ook bij de kassa is het weer raak.
'Waffff!' blaft een heel oude hond.
'Blijf van mijn hond af,' zegt zijn baas.
Ook de baas is oud.
Hij loopt met een rollator.

6

'Ik deed niks,' zegt Bas.

De oude baas van de oude hond gelooft hem niet.

'Dat zeggen ze allemaal,' bromt hij.

'Maar het is waar!' roept Bas.

Moeder heeft betaald.

Ze staan bij de uitgang van de winkel.

Bas wijst op een groot, wit bord.

Er hangen briefjes aan.

'Er staan dingen op die mensen verkopen.'

Moeder wijst op een briefje.

'Zie je: *Fiets te koop*.

En kijk, daarboven: *Bruidsjurk: niet gedragen*.

En moet je dit horen, Bas:

Grote doos bittere bonbons.

Want onze kinderen lusten ze niet,' leest moeder voor.

Maar Bas luistert niet.

Hij kijkt omlaag.

Want daar hangt pas een raar briefje:

SPOOK TE KOOP

2. Grote, gele tanden

'Ja, dat is gek,' vindt moeder ook.
Moeder haalt het briefje van het bord af.
'Spook te koop,' leest ze nog eens hardop.
'Dat kan natuurlijk niet,' zegt moeder.
'Spoken bestaan niet.'
'Jammer,' zegt Bas.
'Ik zou wel een spook willen.
Een spook is minder eng dan een hond.'

Moeder leest het adres op het briefje.
'Kijk nou.
Het is het adres van onze oude buurvrouw,' zegt moeder.
'Toen we aan de andere kant van het park woonden.'
'Mag ik haar spook kopen?' vraagt Bas.
'Spoken bestaan niet,' zegt moeder.
'Het zijn vast kleren om je te verkleden.
Je mag wel kijken of ze leuk zijn.'
Moeder geeft Bas het briefje.
'Dank je, mam!'

Bas rent en rent.
Hij mag een spook kopen!
Je mag kijken of je hem leuk vindt.
Dat zei moeder toch.
En kijk, daar is het hek van het park al.

Hij holt het hek door, het park in.

'Bas! Bas!' roept iemand.

Het is Anne, een meisje uit zijn klas.

En Anne is een leuk meisje.

Dus Bas stopt.

'Ik mag hem hebben!' roept Anne.

Bas schrikt.

Hij beeft ervan.

'Wil jij het spook ook kopen?' vraagt hij.

'Spook, wie heeft het nou over een spook?' vraagt Anne.

Bas laat het briefje zien.

SPOOK TE KOOP.

Anne kijkt Bas verbaasd aan.

'Je weet toch dat spoken niet bestaan,' zegt ze.

'Hoe kun je nou iets kopen dat niet bestaat?'

Dan vergeet ze het briefje.

'Ik mag een **puppy**!' zegt Anne.

'Een **puppy** ...?'

Bas begrijpt haar niet.

'Zo noem je een klein hondje,' zegt Anne.

'Ik heb het hondje net uitgezocht.

Hij is heel lief en heel speels.'

'Bah, een hond!'

Bas trekt een heel vies gezicht.

'Nou zeg, honden zijn leuk,' zegt Anne.

Maar Bas zegt: 'Nee hoor, alle honden blaffen naar me.

Alle honden grommen naar me.'

'Kom nou, dat kan niet,' zegt Anne.

Meteen horen ze gegrom.

Een grote hond staat naast Bas en Anne.

Een grote hond met grote tanden.

Nog meer honden komen aan hollen.

Twee kleintjes keffen keihard.

Dan springt een enorme hond uit een bosje.

Aan zijn halsband zitten stekels van ijzer.

'WOEF!' blaft de geweldige hond.

Zijn blaf knalt als een kanon.

Dit vindt ook Anne te eng.

Samen rennen Bas en Anne weg.

'Waf, waf, waf, WOEF! Kef, kef, kef ...'

'We moeten splitsen,' roept Anne.

'Ik ga deze kant op, en jij die ...'

Het is een goed plan.

Anne rent de ene kant op en Bas de andere.

Geen enkele hond volgt Anne.

Alle honden gaan achter Bas aan.

Bas vlucht over het gras.

Bij het hek kan Bas niet verder.

Er is nergens een uitgang.

De honden sluiten hem in.

'Weg! Weg!'

Bas zwaait met het briefje.

Maar de honden zijn niet bang voor een briefje.

'WOEF! Waf, waf, waf, WOEF! Kef, kef, kef ...'

Aan alle kanten ziet Bas honden.

Hoe kom ik weg, denkt Bas.

Bas kijkt omhoog naar het hek.

Het hek is erg hoog.

Als ik klim, val ik misschien, denkt Bas.

Dan lig ik op de grond tussen al die honden met hun grote, gele tanden.

Toch moet ik klimmen.

Het is mijn enige kans!

Bas haalt diep adem.

Hij begint te klimmen.

3. Enge man, aardige mevrouw

Daar staat Bas, boven op het hek.
Bas heeft het gehaald.
De honden grommen, de honden blaffen.
'WOEF! Waf, waf, waf, WOEF! Kef, kef, kef ...'
Maar ze kunnen niet bij hem komen.

Bas springt gauw van het hek.
Nu staat het hek tussen Bas en de honden in.
'Rothonden,' roept Bas.
'Je bent zelf een rotjoch,' roept een dikke man.
Het is de man die op straat viel.
'Mijn bloedneus was jouw schuld,' roept de man.
Hij is eng, hij heeft enge ogen.
Hij zwaait met zijn armband met stekels van ijzer.
'Jou krijg ik nog wel,' roept de enge man.
Dan gaat Bas ervandoor.

Bas kijkt of er geen auto's aankomen.
Het is veilig.
Snel steekt Bas over.
Ja, dit is de straat waar ze vroeger woonden.
Waar woont die oude buurvrouw?
De vrouw die het spook verkoopt?
Bas kijkt op het briefje.
Op nummer 17 moet hij zijn.

Bas kijkt.

Hij heeft geluk: hij staat al voor het huis.

Zou die mevrouw echt een spook verkopen?

Of alleen kleren om je te verkleden?

Dat denkt zijn moeder.

Spoken bestaan niet, zegt de moeder van Bas.

Spoken bestaan niet, zegt Anne.

Wat jammer nou, denkt Bas.

Daar is de knop van de bel.

Bas drukt erop.

Een oude mevrouw doet open.

Ze heeft oude ogen en veel rimpels.

'Nee maar, dat is Basje!' roept de mevrouw.

Bas herkent zijn oude buurvrouw nu ook.

'Ik heet geen Basje meer, mevrouw.

Ik heet nu Bas,' zegt hij.

De oude mevrouw ziet het briefje in zijn hand.

'Kom je mijn spook kopen, Bas?' vraagt ze.

'Mijn moeder dacht dat het kleren waren.

Kleren om je te verkleden,' zegt Bas.

'Nee, natuurlijk niet,' zegt de mevrouw.

'Dan had ik toch *kleren* op het briefje gezet?'

'En Anne zegt dat spoken niet bestaan,' zegt Bas.

'Nou, dat heeft die Anne dan mis.

Want mijn spook is een echt spook,' zegt de mevrouw.

Bas springt in de lucht.

'Wat goed, wat vet!' gilt hij.

'Nou niet echt vet, hoor,' zegt de oude mevrouw.

'Het is maar een dun spook.

Kom je mee?'

De oude mevrouw gaat naar binnen.

Bas loopt achter haar aan.

4. Spook

Bas en de mevrouw staan in de kamer.
Waar zou het spook zijn, dat echte spook?
Bas ziet stoelen en een tafel.
Op de tafel ligt een gekleurd kleedje.
En op een kastje staat een plat bord.
Op het bord ligt een wit lapje, ziet Bas.
Het is netjes opgevouwen.
Zeker een **servetje**, denkt Bas.
Zo heet zo'n doekje.
Als je ergens gaat eten, krijg je vaak een **servetje**.
Je kunt er je mond mee schoonvegen.
Maar een spook ziet Bas niet.

'Ga daar eens zitten,' zegt de oude mevrouw.
De mevrouw wijst op een stoel.
Bas gaat zitten.
'Waar is het spook?' vraagt Bas.
'Voor ik het spook haal, wil ik eerst met je praten,' zegt de
mevrouw.
'Luister goed, dit is belangrijk.'

De oude mevrouw wacht even.
Dan kijkt ze Bas recht aan.
'Kun jij goed voor het spook zorgen?' vraagt ze.
Daar heeft Bas nog niet aan gedacht.

'Ja hoor, als u vertelt hoe dat moet.

Want ik weet niet wat een spook eet,' zegt Bas.

'Eet een spook voer uit blikjes?' vraagt Bas.

'U weet wel, zoals katten en honden?'

'Nee!'

De mevrouw schudt haar hoofd.

'Een spook eet stoom en baklucht, wist je dat niet?

Hang het spook maar boven de soep als je soep aan het
koken bent.

Van stoom wordt een spook dik.'

Dat is niet duur, denkt Bas.

Dat valt mee.

'O, dat is makkelijk,' zegt Bas dan ook.

'Maar nu, eh ... een vieze vraag.

Heb je ook een kattenbak nodig voor een spook?

Mijn moeder vindt een kattenbak vies.'

Dan hoort Bas een gil.

Een harde, boze gil is het.

En de gil komt van het kastje.

Op het kastje, op het bord, staat een boos spook.

Het spook stampt op het bord.

Ineens heeft Bas het door.

Er lag geen **servetje** op het bord.

Nee, op het bord lag een spook te slapen.

Een klein spook, maar wel een boos spook.

'Ik ben geen beest,' roept het boze spook.

'Ik ben geen vieze, enge kat,' roept het spook.

'Ik ga gewoon naar de wc hoor!'

'Het spook kan praten,' zegt Bas verbaasd.

'Natuurlijk kan een spook praten,' zegt de mevrouw.

'Natuurlijk kan ik praten,' zegt het spook.

'Je hoort het al,' zegt de mevrouw.

'Die wc is geen probleem.

Dit spook gaat keurig naar de wc.

Maar een spook laat wel vieze winden.'

De mevrouw geeft Bas een flesje parfum.

'Na het eten parfum laten snuiven,' zegt de mevrouw.

'Dan vallen de windjes wel mee.'

'Hoe duur is het spook?' vraagt Bas.

'Drie weken zakgeld,' zegt de mevrouw.

Bas heeft net zakgeld gehad.

Dat komt goed uit.

'Dan kom je nog twee weken terug,' zegt de mevrouw.

'Wacht even!' roept het spook.

'Vinden je vader en moeder het goed?

Sommige mensen zijn bang voor spoken!'

'Nee hoor, ik mocht je kopen,' zegt Bas.

'"Kijk maar of je hem leuk vindt," zei mijn moeder.

Mijn vader is het vast met haar eens.

Ze zullen allebei heel blij met je zijn, net als ik.

Ik weet het zeker,' zegt Bas.

5. Help!

'Help!' gilt vader.

'Help!' gilt moeder.

Ach, die Bas, die arme Bas.

Bas dacht dat zijn vader en moeder blij zouden zijn.

'Ze zullen allebei blij met je zijn.

Ik weet het zeker!'

Dat zei Bas tegen het spook.

En nu is hij thuis met het spook.

Maar zijn vader en moeder zijn niet blij.

Nee, zijn vader en moeder zijn bang.

De vader van Bas roept: 'Help!'

Hij staat boven op de tafel.

Maar zijn vader wil nog hoger.

Hij springt naar de lamp.

'Niet doen, de draad is niet sterk genoeg,' roept Bas.

Daar heeft Bas gelijk in.

Gelukkig mist vader de lamp net.

Hij valt terug op tafel.

De moeder van Bas roept: 'Help!'

Zij zit boven op de boekenkast.

Daarboven drukt moeder zich plat tegen de muur.

Maar moeder drukt te hard.

Eerst kraakt de kast, dan zwaait de kast.

'De kast gaat vallen!' roept vader.
En hij vergeet dat hij bang is.
Vader springt van de tafel en rent naar de kast.
Hij zet zijn schouder tegen de kast.
Kan zijn vader de kast tegenhouden?
Kan zijn vader zijn moeder redden?
De kast kraakt nog steeds.
Het lijkt of de kast door zwaait.

'De kast gaat vallen!' roept Bas.
Bas rent naar de kast.
Hij zet zijn schouder tegen de kast.
Bas helpt vader om moeder te redden.
Maar zal het hen lukken?
De kast kraakt nog steeds, een beetje.
De kast zwaait nog steeds, een beetje ...

'Ik kom eraan, ik help!' roept het spook.
Het spook gaat naast Bas staan.
Hij zet zijn schouder tegen de kast.
Het is maar een klein duwtje.
Maar dat duwtje van het spook, dat doet het.
De kast kraakt niet meer.
De kast valt terug tegen de muur.
Moeder klimt naar beneden.
Ze bibbert nog.
Ze ziet nog steeds bleek.
Maar moeder komt van de kast af.

6. Bijna veilig

Ze zitten met zijn allen aan tafel.
'Je hielp echt mee,' zegt moeder tegen het spook.
'Je hielp om mij te redden.'
Moeder **zucht**.
Ze zit het verst van het spook af.
Moeder voelt zich nog niet op haar gemak.

'Goed dat je hielp, spook,' zegt vader ook.
'Dat laatste duwtje deed het hem.
Daardoor kregen we de kast terug tegen de muur.
Daardoor viel moeder niet op de grond.
Wat mij betreft mag je blijven.'
Bas straalt.
Van zijn vader mag het!
Maar vindt zijn moeder het goed?
Of is zijn moeder nog steeds bang?

Bas kijkt zijn moeder aan.
En moeder kijkt naar het spook.
'Spook, als je niet rondvliegt, ben je niet eng.
Als je gewoon zit, valt het mee,' zegt moeder.
Moeder denkt na.
Andere mensen hebben enge slangen, denkt ze.
Of enge spinnen, het kan dus altijd erger.
'Nou goed dan, blijf dan maar,' **zucht** moeder.

Bas **zucht** ook.
Maar Bas **zucht** van opluchting.

Moeder staat op en maakt **chocolademelk**.
Warme **chocolademelk**, want ze heeft het koud.
Het spook hoeft geen kopje.
Zijn neus groeit.
De neus van het spook wordt vier keer zo lang.
Hij hangt zijn lange neus boven vaders kopje.
Het spook snuift.
'Mmm, lekker,' zegt het spook met zijn ogen bijna dicht.
Dan hangt hij zijn lange neus boven moeders kopje.
Het spook snuift.
'Mmm, lekker,' zegt het spook met zijn ogen bijna dicht.

'Zo eet een spook,' legt Bas uit.
'Een spook eet stoom.
Dat heeft de oude mevrouw mij verteld.
Maar dit is stoom van **chocolademelk**.
Dus dat is geen eten, maar snoepen.'

Het is tijd om te gaan slapen.
Bas neemt het spook mee naar zijn kamer.
'Mag ik bij je in bed?' vraagt het spook.
Bas kijkt zijn spook aan.
'Je bent toch geen knuffel.
Mijn handen gaan dwars door je heen,' zegt Bas.
Het spook kijkt sip.

Het lijkt wel of het spookje kleiner wordt.

'Maar je mag wel, hoor,' zegt Bas.

Meteen gaat het spook weer rechtop staan.

'Slaapt er ook een poes op je bed?' vraagt het spook.

'Ik kan niet tegen katten.'

'Mijn moeder ook niet,' zegt Bas.

'Dus hier in huis zijn geen katten.'

Het spook blijft bang.

Hij kijkt eerst nog onder het bed.

Hij wil zeker weten dat er geen kat onder zit.

Dan gaat het spook naar de wc.

Bas hoort hem het raampje dichtdoen.

Het spook trekt door en komt terug.

'Waarom deed je het raampje dicht?' vraagt Bas.

'Dan kan er geen kat naar binnen klimmen.'

Het spook doet ook de deur van de kamer dicht.

'Zo is het beter,' zegt het spook.

Pas dan kruipt hij naast Bas in bed.

's Nachts wordt Bas even wakker.

Het spookje snurkt een beetje.

Het spookje ruikt naar **chocolademelk**.

7. Ruzie

De volgende ochtend zit Bas aan tafel.
Bas vertelt van het snurken.
'En toen rook het spook naar **chocolademelk**,' zegt Bas.
Vader eet zijn ei.
Moeder lacht.
Het spookje zegt niets, maar buigt zijn hoofd.
Hij schaamt zich.
Bas merkt het niet en vertelt verder.

'Het spook laat vieze winden,' vertelt Bas.
'Dat zei de oude mevrouw.
Mijn spook is een echte stinkerd.
Daarom gaf de mevrouw mij parfum mee.'
Bas laat het flesje parfum zien.
'"Dan stinken zijn winden minder erg," zei de mevrouw.'
Zijn vader en moeder lachen.
'Dat zei je gisteren niet,' zegt vader.
'Nee,' zegt Bas.
'Ik zei niet dat hij soms stinkt.
Ik wilde niet dat jullie het wisten.
Want dan zouden jullie misschien nee zeggen.'
Weer lachen zijn vader en moeder.

Alleen het spookje lacht niet.
Hij houdt zijn handen voor zijn gezicht.

'Jullie lachen me uit,' zegt het spookje.

'Ik wil niet dat jullie me uitlachen.

Waarom vertel je dat nou?' vraagt het spook aan Bas.

Meteen heeft Bas spijt.

Hij probeert het goed te maken.

Maar het spook wil niks meer van hem weten.

'Ik ga naar mijn mevrouw terug,' roept het spook.

Het spookje huilt en vliegt de keuken uit.

Bas rent achter het spook aan.

Pas in het park haalt Bas het spook in.

'Zo bedoelde ik het niet,' zegt Bas.

'Maar je zei het wel,' zegt het spookje.

'Ik vroeg mijn mevrouw om mij te verkopen.

Ik vroeg een kind om mee te spelen.

Mijn oude mevrouw waarschuwde me nog.

"Kinderen zijn vaak niet aardig," zei ze.'

Het spookje huilt nog harder.

'Maar ik ben best aardig,' roept Bas.

Het spookje kijkt naar hem.

'Gisteren was je wel aardig,' zegt het spookje.

'Ik zal het nog één keer met je proberen.'

8. Een doekje om je hals

Bas en het spook lopen door het park.
Ze zijn weer vrienden.
Dan blaft er een hond.
Een grote hond kijkt kwaad naar Bas.
De hond opent zijn bek.
Maar dan ziet de hond het spook.
Meteen slikt de hond zijn blaf in.
Een man komt aan lopen.
Zijn hond verstopt zich achter zijn benen.
De man ziet het spook niet.
Het spook heeft zich **vermomd**.
Hij ligt als doekje op Bas zijn hoofd.
Hij heeft zichzelf opgevouwen.
Het spookje heeft zich **vermomd** als een zakdoek met vier knopen.
'Waarom heb je een zakdoek op je kop?
De zon schijnt toch niet?' vraagt de man.
En man en hond lopen door.

Bas ziet alweer een hond.
Het is de oude hond van de oude man.
De oude hond wil blaffen.
Maar dan ziet de hond het spook.
Meteen houdt de hond op met blaffen.
De hond wil hard weglopen.
'Wat heb jij een haast,' zegt zijn oude baas.

Dan ziet de oude baas Bas staan.

'Waarom heb je een zakdoek op je hoofd?

De zon schijnt toch niet?' vraagt hij.

De baas rolt weg met zijn hond.

'Ik bedenk wel een andere **vermomming**.'

Het spook praat zacht in het oor van Bas.

Dan gaat het spookje om de nek van Bas liggen.

Nu is het net of Bas een dasje draagt.

Ze lopen langs een bankje.

Daar zit een oud vrouwtje met een hondje in een mand.

Het hondje steekt zijn kop uit de mand.

'Kef!' doet het hondje.

Maar dan ziet het hondje het spook.

Meteen stopt het hondje met keffen.

Het kruipt bang tegen het oude vrouwtje aan.

'Mijn hond is nooit bang,' zegt het oude vrouwtje tegen Bas.

Ze aait haar hond en kijkt omhoog.

'Is dat weer in de mode, zo'n halsdoek?' vraagt ze.

'Dat was in de mode toen ik jong was.

Al die jongens met hun halsdoeken.

Er waren zulke leuke jongens bij ...'

Het oude vrouwtje **zucht**.

Haar hondje kijkt naar haar en **zucht** mee.

'Bas! Bas!

Moet je kijken!'

Een luide stem klinkt door het park.

9. Een half spook is weg

Er roept een kind naar Bas.
'Bas! Bas!
Moet je kijken!'
Maar Bas weet niet waar hij naar kijken moet.
Waar komt die stem vandaan?
Bas draait zich om.
Nu ziet Bas Anne aan komen hollen.
En Anne is niet alleen.
Een jonge hond springt en danst met haar mee.
'Hoe vind je hem, Bas?' vraagt Anne.
'Vind je het geen lieve **puppy**?'
Bas gaat op zijn hurken zitten.
Het dier zet zijn voorpoten op zijn borst.
Bas aait het hondje.
De **puppy** snuffelt aan het spookje.
Hij **kwispelt**.
Hij is te jong om bang voor spoken te zijn.
'Jij bent een aardige jongen,' zegt het vrouwtje op de bank.
'Anders doet een hond niet zo lief.
Honden voelen of mensen aardig zijn.'

Bas en Anne zeggen het vrouwtje gedag.
Samen lopen ze door.
Annes **puppy** danst om hen heen.
'Ik moet je ook iets laten zien,' zegt Bas.

'Kom eens mee.'

Bas en Anne gaan van het pad af.

Onder een boom haalt Bas de doek van zijn hals af.

Bas laat het spookje aan Anne zien.

Anne gilt helemaal niet.

'Wat lief, wat vet!' roept Anne.

Bas wist wel dat Anne een leuk meisje was.

'WOEF!'

Een zware blaf.

O nee, daar heb je die enge, grote hond.

Die hond met zijn halsband vol stekels.

Maar zijn enge baas is er ook.

De enge baas holt achter zijn hond aan.

Hij zwaait met zijn armband met stekels van ijzer.

'Pak ze! Pak ze!' roept de enge baas.

Maar de enge hond ruikt het spook en blijft staan.

Bas, Anne, spook en **puppy** wachten niet op de man.

Bas, Anne, spook en **puppy** wachten niet op de hond.

Bas, Anne, spook en **puppy** vluchten weg.

Ze vinden een veilige plek.

Een plek achter een bosje.

'Het was goed dat je wegrende,' zegt het spook tegen Bas.

'Vroeger had ik zo'n enge man wel aangekund.

Vroeger, toen ik nog groot was,' **zucht** het spook.

'Was je vroeger dan groot?' vraagt Anne.

'Hoe ben je klein geworden?

Ben je te heet gewassen in de **wasmachine**?'
'Nee, het kwam door de kat,' zegt het spookje.

Het spookje vertelt.
'Ik lag lekker op een bord te slapen.
Het leek dus of er iets wits op het bord lag.
Toen sloop de poes van de buren naar binnen.
Die poes dacht dat ik melk was en begon te likken.
Hij had me al half op voor ik wakker werd.
Toen ik begon te gillen, ging de kat ervandoor.'
Het spookje snikt.
Bas en Anne troosten het spook.
De **puppy** legt een voorpoot door de hand van het spook.
'Wat gebeurde er toen?' vraagt Bas.

'De kat is naar buiten gelopen.
Maar buiten werd ze misselijk.
Ik hoorde de kat overgeven.
De kat spuugde me in een tuin uit.
Maar ik weet niet in welke tuin het gebeurde.
Mijn vrouwtje heeft in onze tuin gekeken.
Maar daar zag ze me niet liggen.
Toen keek ze over de heg in de tuin van de buren.
Daar zag ze me ook niet.
Ze wilde het nog aan de buren vragen.
Maar de buren waren met vakantie,' vertelt het spook.

'Dan gaan wij toch zoeken!' roept Anne.

'Mijn **puppy** is een kleine speurhond.'

'We gaan meteen naar de tuin van de buren,' zegt Bas.

'Daar woonde die kat toch?

Nou, ik weet waar die tuin is.

Want ik woonde er vroeger naast.'

'Echt!? Echt!?'

Het kleine spookje danst.

10. Hoe maak je een spook weer heel?

Bas, Anne, **puppy** en spook lopen het park uit.
Een stuk spook is zoek.
Het ligt ergens in een tuin.
Maar Bas weet waar die tuin is.
Hij woonde er vroeger naast.
Ze steken over.
Bas wijst de weg: 'Daarheen.
Daar loopt een pad achter alle tuinen.'
Het is een smal pad tussen de huizen.
'Wat nu?' vraagt het spook, als ze bij de tuin van het oude huis zijn.
Anne laat de **puppy** aan het spookje ruiken.
'Zoek! Zoek!' zegt Anne tegen haar hond.
De **puppy kwispelt** en steekt zijn neus omhoog.
Ineens rent de **puppy** weg.
'Hij zoekt verkeerd,' roept het spookje.
'We zijn de tuin van de buren al voorbij.'

Nee hoor, de neus van de **puppy** is echt goed.
De **puppy** blaft tegen een struik.
Aan een tak hangt een stukje spook.
Bas begrijpt wat er gebeurd is.
De kat heeft het stuk spook uitgespuugd.

En nu is dat stuk spook opgedroogd.

De wind heeft het droge stuk de struik in geblazen.

Bas kan er net bij.

Het stuk spook is wel erg vies.

Het zit vol vlekken.

'Hoe krijgen we dit stuk weer aan het spookje vast?' vraagt
Bas.

'Ik weet het niet,' zegt Anne.

'We vragen het aan de oude mevrouw,' zegt Bas.

'Zij woont hier vlakbij.'

De kinderen bellen aan.

'Bezoek, dat is leuk,' zegt de oude mevrouw.

Bas, Anne, spook en **puppy** stappen de hal in.

'Hoe is het met mijn spookje?'

Bas vertelt van het stukje spook dat ze in de struiken
hebben gevonden.

De mevrouw pakt het stukje spook aan.

'Dat is te klein voor de **wasmachine**,' zegt ze.

'Dat was ik even op de hand.'

Ze lopen naar de keuken.

De oude mevrouw maakt een sopje in een teiltje.

Ze doet het stuk spook erin.

Het lukt, alle vlekken gaan weg.

De oude mevrouw pakt haar haardroger.

Ze zet de haardroger op hoog.

Het ding zoemt.

Zo droogt ze het natte stuk spook.

38

Als het stuk droog is, gaan ze terug naar de kamer.
Bas en Anne gaan zitten.
De oude mevrouw pakt een naald en een witte draad.
Ze laat het klosje garen zien.
'Ik gebruik heel dun draad,' zegt ze.
'Echt spookdraad, kijk maar.
Als je kleine steekjes maakt, zie je er niets van.'
De oude mevrouw werkt heel precies.
Ze naait de stukken spook weer aan elkaar.
Het kleine spookje is nu een echt groot spook.
Een heel groot spook.
Vooral als het spook zichzelf nog groter maakt.
Anne moet even slikken.
Haar **puppy** kruipt onder een stoel.
Maar Bas is trots op zijn spook.

Bas, Anne, spook en **puppy** lopen terug door het park.
Er lopen drie honden voorbij.
Geen hond durft te blaffen tegen Bas.
In de verte zien ze de enge man.
Hij roept boos tegen zijn hond.
Gelukkig ziet hij Bas en Anne niet.
Bas, Anne, spook en **puppy** lopen snel door.

Anne gaat met Bas mee naar huis.
Daar gaan ze nog even spelen.
Vader en moeder vinden de **puppy** mooi.
Ze zijn niet bang voor het grote spook.

Dat komt doordat ze het spook al kennen.
Het spook probeert zo lief mogelijk te zijn.

'Wat doen we morgen?' vraagt Anne.
'Zullen we weer samen spelen?'
'Ja, na school in het park,' zegt Bas.
Dat spreken ze af.

11. Enge man in hoge boom

Na school lopen Bas en Anne naar het park.

Anne is met haar **puppy**.

Bas heeft zijn spook bij zich.

Het spook is nu te groot om halsdoek te kunnen zijn.

Daarom zit het spook in de rugzak van Bas.

Soms gluurt hij even naar buiten.

Alle mensen denken dat het een witte lap is.

Een lap die uit de rugzak hangt.

Bas en Anne gaan rennen.

Ze rennen naar de speelplaats.

Ze doen wie het snelst kan rennen.

Het hondje van Anne is het snelst.

Een vrouw met een **baby** kijkt naar Bas en Anne.

'Kijk nou, een **puppy**,' roept de moeder.

'Wat een lief, jong dier.'

De moeder tilt haar **baby** op schoot en draait zich om naar Anne.

'Kijk wel uit, hè,' zegt ze.

'Ik bedoel, dat je hond niet in de zandbak kakt.

Dat is zo vies voor die kleintjes.

Gisteren was hier een enge vent,' vertelt ze.

'Die had een hond met een enge halsband.

Je weet wel, zo'n halsband met stekels van ijzer.

Die hond kakte zomaar in het zand.

Toen ik er wat van zei, schold zijn baas mij uit.'

'Gaan we nou spelen?' vraagt Anne.
'Ja, laten we een hut bouwen,' zegt Bas.
Bas wijst op de bosjes.
'Daar heb je takken,' zegt hij.
Bas en Anne lopen ernaartoe.

'Mag ik er nou uit?' vraagt het spook.
'Ik heb het zo warm.'
'Ja, hier wordt niemand bang van je,' zegt Bas.
Bas laat het spook uit de rugzak.
Het spook en de **puppy** gaan samen spelen.
Bas en Anne pakken takken.
Dan ziet Bas de grote, enge hond weer.
Zijn enge baas heeft Bas en Anne gezien.
'Jullie loeren op mijn hond!' roept de enge man.
'Maar ik krijg jullie wel.'
'WOEF!' blaft de grote hond.
Zijn blaf knalt als een kanon.

Moeders pakken hun kleintjes op.
De enge man loopt op de bosjes af.
Maar nu komt het spook in actie.
Het spook zat eerst klem in de rugzak.
Maar nu heeft het spook de ruimte.
Eerst laat het spook een grote, lange wind.
Zijn wind knalt als een raket.

Het is een wind zonder parfum.

De wind van het spook stinkt erg.

Het is echt een enorme stank.

Nu wordt de enge man bang.

'Het is gas, gifgas!' roept hij.

Hij denkt dat het spook een witte wolk is.

Een wolk gifgas die naar hem toe drijft.

De enge man houdt van films over oorlog.

Maar een held is de enge man niet.

'Help!' roept de enge man.

'Help!'

Hij vlucht en klimt een hoge boom in.

De top van de boom buigt om.

'Help, help me toch,' huilt de enge man.

'Ik wil niet vallen!'

Hij klinkt ineens niet eng meer.

'We moeten hem toch helpen,' zegt de moeder van de **baby**.

Zij kan haar mobiel niet vinden.

Anne haalt haar mobiel uit haar rugzak.

'Neemt u die van mij maar, mevrouw,' zegt Anne.

'Ik bel de brandweer,' zegt de moeder.

En ja, de brandweer komt erbij.

Ze halen de enge man met een ladder naar beneden.

Maar dan is de politie er ook.

Want veel moeders hebben gebeld.

'Er is veel over u en uw hond geklaagd,' zeggen de agenten.
Ze nemen de hond en zijn baas mee.

Bas en Anne lachen en de **puppy** danst.
Het spook kijkt trots naar Bas.
Bas kijkt trots naar zijn spook.
Bas is niet bang meer.
Bas weet zeker dat hij nooit meer bang zal zijn voor honden.

Leestips

Algemeen

Leesplezier is het allerbelangrijkste!

Kinderen bij wie het leren lezen niet zonder problemen is verlopen, vinden lezen moeilijk en niet leuk. De boekenserie Zoeklicht Dyslexie wil de drempel om te gaan lezen verlagen en kinderen laten ervaren dat het lezen van een verhaal plezier geeft.

U kunt als ouder een belangrijke rol spelen in het laten ervaren van leesplezier. Daarom hebben we hieronder wat eenvoudige tips bij elkaar gezet.

De gulden regel is om het plezier in het lezen voorop te stellen. **Dwing uw kind nooit tot lezen.** Kies geen boeken voor het kind waarvan u niet zeker weet dat uw kind het onderwerp leuk vindt. En kies liever een boek met een (te) laag AVI-niveau dan een boek met een (te) hoog AVI-niveau.

Maak lezen niet tot straf. Stel het lezen niet in de plaats van iets wat uw kind graag doet, bijvoorbeeld computeren of televisie kijken. Lees elke dag een kwartiertje op een tijdstip dat uw kind het wil. Geef het bijvoorbeeld de keuze: of om acht uur naar bed of nog een kwartiertje opblijven om samen te lezen. Zo wordt lezen extra leuk.

Een keer geen zin in lezen? Lees dan voor. Hiermee zorgt u ervoor dat uw kind kan blijven genieten van boeken en verhalen, zonder dat het hiervoor een (te) grote inspanning moet leveren. Heeft u een poosje geen tijd om voor te lezen? Leen dan eens een luisterboek bij de bibliotheek.

Spook te koop

Maak uw kind nieuwsgierig. Om uw kind nieuwsgierig te maken naar dit boek, kunt u het boek alvast samen bekijken, zonder het te gaan lezen. Bekijk de titel: *Spook te koop* en de voorkant van het boek. Waar zou het verhaal over kunnen gaan? Ook via de luister-cd kunt u uw kind nieuwsgierig maken naar de inhoud van het boek. Laat uw kind rustig luisteren naar het fragment op de cd. De auteur leest het eerste hoofdstuk voor. Uw kind hoeft hierbij niet mee te lezen in het boek. Tijdens het fragment op de cd hoort uw kind dat Bas in de supermarkt een vreemde advertentie ziet hangen: Spook te koop!

Hierdoor wordt uw kind vast benieuwd naar het verloop.
Ook via de grote tekening voor in het boek waarop alle hoofdpersonen
worden voorgesteld, komt uw kind al in de sfeer van het boek.

Lastige woorden op de flappen. In elk boek komen woorden voor
die lastig te lezen zijn. In dit boek komt onder andere het woord
chocolademelk een aantal maal voor. Dit is een lastig woord,
want in het woord staan veel lettercombinaties die in onze
taal op verschillende manieren uitgesproken kunnen worden:
de *ch* klinkt niet als *g* maar als *sj* en de tweede *c* klinkt als *k*.
Ook de klinkers zijn lastig: de *o* en de *a* worden uitgesproken als
een *oo* en een *aa*.
De lastigste woorden uit het boek hebben we daarom op een flap
bij elkaar gezet. Thuis kunt u deze woorden samen bekijken: u als
ouder leest de woorden een keer voor. Uw kind kijkt mee en kan
de woorden als een echo nazeggen. Straks bij het lezen legt u de
flappen open en dan zijn deze woorden niet zo moeilijk meer.
De woorden op de flap worden ook op de cd voorgelezen.
Komt een moeilijk woord dat op de flap staat voor in de tekst,
dan is dit een beetje zwarter gemaakt dan de andere woorden.
Uw kind weet zo dat dit een van de lastige woorden op de flap is.

baby

chocolademelk

de hond kwispelt
(kwispelen)

puppy

Samen lezen. Om de vaart in het verhaal te houden, kunt u met uw kind
afspreken dat jullie dit boek om beurten lezen: uw kind een bladzijde
en u een bladzijde. Hierdoor kan uw kind zich af en toe concentreren op
de inhoud van het verhaal, zonder dat het zich moet inspannen om de tekst
te ontcijferen.

Prijs uw kind. Prijs uw kind uitbundig, als het dit boek helemaal heeft
uitgelezen. Het heeft een hele prestatie geleverd en dat mag benadrukt
worden. Vertel uw kind bijvoorbeeld dat er in dit boek elf hoofdstukken
staan die het, samen met u, allemaal gelezen heeft. Voor in het boek staan
de titels van alle hoofdstukken. Door de titels samen nog een keer te lezen,
kunt u nog even napraten over wat er in het boek allemaal gebeurd is.

Naam: *Henk van Kerkwijk*
Ik woon met: *zwaluwen in het koetshuis en vleermuizen op zolder.*
Dit doe ik het liefst: *eten.*
Dit eet ik het liefst: *veel.*
Het leukste boek vind ik: *'Marietje Appelgat' van Lydia Rood.*
Mijn grootste wens is: *zo lang leven dat ik alle planeten kan bezoeken en het liefst ook nog een aantal sterren die niet al te ver van ons af liggen. Het zal wel niet lukken, maar het lijkt me leuk.*

Naam: *Els van Egeraat*
Ik woon met: *mijn man Marco, zoon Joost en hond Doortje.*
Dit doe ik het liefst: *zwemmen in de zee met windkracht 7, wandelen aan zee, schelpen zoeken, zingen in een smartlappenkoor of gewoon zingen als ik aan het werk ben, tekenen en schilderen.*
Dit eet ik het liefst: *spaghetti, pannenkoeken, een lekker gebakken visje, slagroomtaart, maar niet te veel, anders word ik te dik!*
Het leukste boek vind ik: *boeken met tekeningen van Philip Hopman en boeken van Ted van Lieshout.*
Mijn grootste wens is: *gezond en gelukkig blijven!*